ANNA TIEFENBACHER

DAS KLEINE BUCH VOM Camping

arsEdition

LIEBE LESERIN,
LIEBER LESER,

es ist ein **schöner Gedanke,**
dass du in genau diesem Moment mein Buch
in den Händen hältst.

Viele der glücklichsten Momente meiner Kindheit fanden auf Campingplätzen statt, mal in Frankreich zwischen Pinien, mal in den Bergen Österreichs. Mal im Zelt, mal im Bulli, Wohnmobil oder Wohnwagen. Mit meinen zwei Brüdern und unserem Hund im Stausee baden, Fahrrad fahren, Pfefferminzeis essen, den ganzen Tag Abenteuer erleben, das war das Größte.

Dieses Gefühl von Freiheit und Unbeschwertheit ist es, was mich bis heute fasziniert und mich dazu veranlasst, so oft es geht mit meinem Van die Stadt zu verlassen und woanders zu übernachten. Nach nur einer Nacht in der Natur sind die Batterien wieder aufgeladen, man fühlt sich erholt und geerdet.

Und weil wir doch alle ab und an Auszeiten vom Alltagstrott brauchen, empfehle ich wirklich allen, das Campen einmal auszuprobieren! Im Zelt, im Van oder in der Hängematte, in Italien, Norwegen oder vor der eigenen Haustür: Es braucht nicht zwangsweise viel Geld oder Zeit und auch keine weite Reise, um sich frei und unbeschwert zu fühlen.

Ich hoffe, dass mein Buch deine Abenteuerlust weckt und dir Freude bereitet. Komm mit mir mit auf eine kleine Reise in die wunderbare Welt des Campings!

ALLES LIEBE,
ANNA

ON THE ROAD AGAIN!

WARUM »DER WEG IST DAS ZIEL« MEHR ALS EINE OLLE FLOSKEL IST

FLUGZEUGE SIND SCHON ETWAS FASZINIERENDES: Einsteigen, abheben und ein paar Stunden später in einer anderen Zeitzone, einem völlig anderen Klima, einer anderen Welt wieder aussteigen. Wir können so schnell so weit fliegen, dass unser Kopf manchmal ein paar Tage braucht, um da anzukommen, wo wir unseren Körper »hingebeamt« haben. Mit dem Bulli (oder mit dem Auto, Fahrrad oder Zug) zu verreisen ist eine ganz andere Erfahrung. Erst nach stundenlanger Fahrt merkt man, wie sich langsam die Landschaft und das Klima verändern.

Nach und nach verdichten sich die Beweise dafür, dass wir uns von unserem Zuhause entfernen und auf dem Weg in den Urlaub sind:

- Man sieht Palmen und Oleander am Straßenrand.
- Die Radiomoderatorinnen oder Fahrkartenkontrolleure sprechen eine andere Sprache.
- Die Straßenschilder haben eine andere Farbe.
- Die Supermarktketten sind uns fremd.
- An Raststätten und in Bahnhofshallen gibt es interessante Snacks zu entdecken.

Slow Traveling

Slow Traveling bedeutet, die Reise an sich viel intensiver zu erfahren; der Weg wird Teil des Abenteuers. So nutzt du nicht nur optimal alle Tage deines Urlaubs aus, du entscheidest dich auch bewusst dazu, das Tempo rauszunehmen und zur Ruhe zu kommen.

Wenn dein Alltag besonders hektisch und stressig ist, fühlt sich das zunächst vermutlich unnatürlich an und stellt deine Geduld auf die Probe. Doch vielleicht überzeugt dich dann folgender Fakt: Wenn du mit deinem Fahrzeug langsamer fährst – ob Auto, Van oder Wohnmobil –, kannst du bei offenem Fenster den Fahrtwind genießen – und hörst trotzdem noch deine Lieblingssongs.

Wenn du die Zeit hast, dann mach bewusst Pausen, um dir kleine Ortschaften oder Sehenswürdigkeiten entlang der Route achtsam und aufmerksam anzuschauen. Wähle im Navi die Option »ohne Autobahn« – das dauert zwar länger, ist aber herrlich stressfrei und gibt dir die Möglichkeit, ganz viel zu entdecken. Oder du nutzt mal wieder eine Karte aus Papier, um deine Routen zu planen. Die warnt dich zwar nicht, wenn ein Stau bevorsteht, dennoch macht das nostalgische Navigieren mit analogen Mitteln Spaß und ist eine Kunst, die viele von uns verlernt haben.

WARUM CAMPEN **nachhaltig** IST

Im Idealfall schwingst du dich für deinen Campingurlaub einfach mit Zelt und Rucksack auf dein Fahrrad, denn das ist sicherlich die umweltfreundlichste Art zu reisen. Und was, wenn es weiter weg gehen soll? Ein alter VW-Bus pustet ordentlich Dieselabgase in die Luft und auch eine Zugreise erzeugt Emissionen. Dennoch stehen diese beiden Transportmittel in keinem Verhältnis zu einem Flugzeug oder einem Kreuzfahrtschiff. Außerdem spart man auf einem Roadtrip auch andere Ressourcen: Strom kann über die Fahrzeugbatterie oder eine Solaranlage erzeugt werden.

Das Wassersparen kommt ganz von allein, wenn man die Kanister von Hand befüllen und entleeren muss – es ist erstaunlich, wie wenig man tatsächlich zum Zähneputzen und Abspülen benötigt ... Auch die Lebensmittelverschwendung hält sich in Grenzen, wenn man nur eine Kühlbox oder einen Mini-Kühlschrank an Bord hat, man kann so nämlich nur wenige verderbliche Lebensmittel auf einmal einkaufen.

TIPP:

Eine Höchstgeschwindigkeit von 100 km/h spart Sprit und schont die Umwelt, außerdem hast du so viel mehr Zeit, die Landschaft zu bewundern.

DIE ERDE SPIELT
Musik
FÜR DIEJENIGEN,
DIE ZUHÖREN.

10 UNVERGLEICHLICH SCHÖNE DRAUSSEN-GERÄUSCHE

1. Wind in den Baumwipfeln
2. Brandungsrauschen
3. Regentropfen auf dem (Zelt-)Dach
4. Knisterndes Lagerfeuer
5. Plätschernde Flüsse und Bachläufe
6. Schnee, der unter Wanderschuhen knirscht
7. Zirpende Grillen und Zikaden
8. Das Fauchen des Gaskochers
9. Der Ruf der Eule am Abend
10. Raschelndes Laub

DIE richtige CAMPINGAUSRÜSTUNG

Ein Campingausflug steht und fällt mit dem Equipment. Man muss nicht Tausende von Euro investieren, doch gute Qualität macht sich wirklich bezahlt. Ein leichter, stabiler Gaskocher, ein wirklich warmer Schlafsack und eine langlebige Regenjacke sind Gold wert, ebenso ein scharfes Taschenmesser und bequeme, wasserdichte Wanderschuhe. Wer gerne abhängt, dem seien Hängematten aus Fallschirmseide ans Herz gelegt, die sich ganz klein zusammenpacken und in Sekunden überall anbringen lassen.

Liebe Regenjacke,

seit Jahren schon trotzen wir gemeinsam Wind und Regen. Du musstest ganz schön viel aushalten, die Zeit hat Spuren hinterlassen. Erinnerungen an unsere Abenteuer, der Abdruck einer Hundepfote, das Brandloch eines Funkens, Kastanien in den Taschen, Spuren von Sand und längst vergessene Kaugummis.

Danke, dass du mich schon so lange treu begleitest!

Lebe

OHNE AUSREDEN,
REISE OHNE REUE.

OSCAR WILDE

WARUM WIR DIE **Natur** BRAUCHEN

Unser Planet versorgt uns mit Sauerstoff, Nahrung, Wasser und Licht, er hält uns am Leben – und er macht uns nachweislich glücklich und gesund. Japanische Forscher haben zum Beispiel herausgefunden, dass durch Waldspaziergänge unsere sogenannten »Killerzellen« aktiv werden und so das Risiko, an Krebs zu erkranken, vermindert wird.

Außerdem leiden Menschen, die sich viel im Freien aufhalten, seltener an Depressionen und haben weniger Schlafprobleme. Regelmäßige Spaziergänge im Grünen senken das Stresslevel, gleichzeitig schüttet der Körper Serotonin aus, unser Glückshormon.

UND:

Natur inspiriert! Die frische Luft pustet den Kopf frei, die Bewegung und die neuen Eindrücke wecken unsere Kreativität und fördern die Konzentration. Um möglichst viel von deinem nächsten Ausflug ins Grüne zu haben, solltest du darauf verzichten, währenddessen aufs Handy zu schauen (für Notfälle eins dabei zu haben ist natürlich trotzdem gut). Auch Podcasts oder Musik sind tabu, und wenn ihr zu zweit unterwegs seid, versucht immer wieder bewusst zu schweigen. Lausche der Natur, spüre, wie dein Herz schlägt, fühl die Sonne auf der Haut und den Wind in den Haaren. Sauge deine Umgebung auf wie ein Schwamm!

Du siehst schon: Es spricht so einiges dafür, den nächsten Urlaub komplett in der Natur zu verbringen ...

IDEEN, UM SICH DIE ZEIT IM GRÜNEN ZU VERTREIBEN

1. Blätter sammeln und (zwischen Buchseiten) pressen

2. Den Vögeln lauschen – wie viele verschiedene Stimmen kannst du ausmachen?

3. Einen Blumenstrauß pflücken oder einen Blumenkranz flechten

4. In einer Hängematte schaukeln

5. Verstecken spielen

6. Einen Baum umarmen. Wirklich! Das baut nachweislich Stress ab.

KURIOSE FAKTEN ÜBER BÄUME

Sie können uralt werden …

Der vermutlich älteste Baum der Welt steh in der Fulufjället-Hochebene in Schweden. Old Tjikko heißt die Fichte, die schon an die zehn Jahrtausende auf dem Buckel haben soll – zumindest sein Wurzeln, der Baum an sich ist »nur« 600 Jahre alt.

… und ganz schön groß!

Der höchste Baum der Welt ist größer als die Freiheitsstatue! Der Küsten-mammutbaum ist 115 Meter hoch und wurde Hyperion getauft – nach dem Titanenvater des Sonnengottes Helios. Hyperion steht im Redwood Nationalpark in Kalifornien.

Sie sind echte Teamplayer ...

Bäume helfen sich gegenseitig. Über das Wurzelnetzwerk können sie Wasser und Nährstoffe weitergeben. Selbst wenn ein Baum in diesem Netzwerk von Schädlingen befallen und quasi kahlgefressen wird, können seine Freunde ihn wieder aufpäppeln.

... und meistens richtig stabil.

»Árbol del Tule« heißt der dickste Baum der Welt. Die Sumpfzypresse hat einen Stammumfang von 46 Metern und soll geschätzte 636 Tonnen wiegen. Man kann sie im Bundesstaat Oaxaca in Mexiko bestaunen.

UND IN DEN **Wald** GEHE ICH,
UM MEINEN VERSTAND ZU VERLIEREN
UND MEINE SEELE ZU FINDEN.

JOHN MUIR

KLEINE BAUM-MEDITATION

Hilft bei Stress, Nervosität und Angst und kann im Alltag genauso gut wie im Campingurlaub durchgeführt werden: Such dir einen Baum aus, der dir sympathisch ist, an einem Ort, an dem du deine Ruhe hast. Setz dich auf den Boden (eventuell brauchst du eine Unterlage) und lehne dich an den Stamm. Schließ die Augen und atme bewusst ganz tief ein und aus und spüre dabei, wie stark und unverrückbar stabil der Baum ist. Er ist eine Konstante und ein Ruhepol inmitten deines turbulenten Lebens. Gib deine Sorgen ruhig an ihn ab, vertrau dich ihm an: Ihn haut so schnell nichts um.

Perspektiven-wechsel

Nimm auf deinen nächsten Spaziergang einen kleinen Spiegel mit. Nimm ihn so in die Hand, dass sich das, was über dir ist, darin spiegelt – Baumwipfel, Himmel, Wolken. Gehe so ein paar Minuten und genieße einen ganz neuen Blick auf die Welt.

WARUM WIR AM LIEBSTEN draußen KOCHEN

Es mag wissenschaftlich nicht bewiesen sein, aber wer schon einmal gezeltet oder gecampt hat oder auf einem Festival auf Dosenravioli zurückgreifen musste, kann es bestätigen: Essen schmeckt viel besser, wenn es draußen gekocht wird. Das gilt für die genannten Dosenravioli, aber auch für den Kaffee vom Gaskocher und die Folienkartoffeln aus der Glut des Lagerfeuers. Und das, obwohl wir im Freien mit viel weniger Küchengeräten und Gewürzen auskommen müssen – oder vielleicht gerade deshalb? Oder liegt es einfach daran, dass frische Luft und Abenteuer hungrig machen, was denkst du?

Heiße Gipfelschokolade

½ Tafel Milchschokolade in 300 ml heißer (Pflanzen-)Milch schmelzen. Je 1 Prise Salz, Zimt und Kardamom sowie 1 TL Vanillezucker einrühren. In einen Thermosbecher gießen und am besten auf einem Berggipfel genießen.

TIPP: Du kannst auch Ingwer, Muskat oder Chili zum Würzen verwenden.

Stockbrot

Besteck wirst du hier keines brauchen – mit den Fingern schmeckt es sowieso am allerbesten!

400 g Mehl mit 1 Päckchen Trockenhefe, 2 TL Salz und 1 Prise Zucker mischen. 3 EL Olivenöl und 230 ml warmes Wasser dazugeben und alles mit den Händen zu einem glatten Teig verkneten. Zugedeckt eine halbe Stunde ruhen lassen. Den Teig anschließend in acht Portionen teilen und auf Holzstöcke wickeln. Über der heißen Glut des Lagerfeuers goldbraun backen.

KLEINER WILDKRÄUTER-KOMPASS

Die Natur hält herrliche grüne Schätze für uns bereit: Wildkräuter, und zwar das ganze Jahr durch! Achte aus Liebe zur Umwelt bitte darauf, dass du nur das pflückst, was du wirklich benötigst und verarbeiten möchtest. Beim Camping kannst du die gesammelten Kräuter dann direkt weiterverarbeiten und genießen.

FRÜHLING

- Löwenzahn wächst fast überall, die jungen Blätter und Blüten schmecken besonders im Salat.
- Giersch schmeckt nach Petersilie und Karotte und wächst in der Nähe von Gehölzen.
- Spitzwegerich wächst häufig am Wegesrand. Die jungen Blätter schmecken im Salat oder zu Rührei. Die Blütenknospen haben ein leckeres Pilzaroma.

SOMMER

- Rotklee hat süßliche Blüten und wächst auf fast allen Wiesen.
- Mädesüß mag es nass und wächst an Ufern und Quellen. Das Kraut versüßt Desserts und Limonaden.
- Wilde Möhre hat eine charakteristische dunkle Blüte in der Mitte ihrer ansonsten weißen Blütendolde und schmeckt nach Petersilie und Anis.

HERBST

- Gundermann wächst neben Hecken und auf Wiesen. Die minzig-herben Blätter schmecken super im Kräuterquark.
- Franzosenkraut wächst in Weinbergen und auf Feldern, schmeckt nach Salat und lässt sich zum Beispiel gut in Smoothies verarbeiten.
- Sauerampfer hat ein frisch-säuerliches Aroma, er wächst auf Wiesen und lässt sich vielseitig verwenden.

WINTER (GANZJÄHRIG)

- Gänseblümchen blühen das ganze Jahr fast überall. Die herb-frischen Blüten und Blätter machen sich gut in Kräuterquark, Suppen und Salaten.
- Brennnessel ist supergesund und leicht zu finden. Mit Spinat, in Suppen, Pesto oder Tee – lecker!
- Vogelmiere schmeckt intensiv nach Salat und ist komplett essbar, sie wächst auf Feldern und am Wegesrand. Probier sie mal gedünstet!

DIE richtige REISEBEGLEITUNG BEIM CAMPEN

Auf engem Raum miteinander auszukommen und sich nicht auf die Nerven zu gehen, ist gar nicht so einfach. Es kommt durchaus mal vor, dass es ein, zwei Tage lang regnet, man im Zelt oder im Bus quasi »gefangen« ist. Das kann irre gemütlich sein – oder Freundschaften beenden. Deshalb ist es von Vorteil, wenn du mit jemandem verreist, den du sehr, sehr gerne hast. Mit der besten Freundin zum Beispiel, dem Partner oder der Partnerin – oder deinem Hund.

GEDICHT FÜR EINEN KLEINEN Hund

Mein Wecker hat vier Pfoten
und ganz weiches Fell
Kann ziemlich laut bellen
Ist unheimlich schnell

Zwei flauschige Ohren
und futtert gern Reste
Ein tapferes Herz
von allem das Beste

Lockt mich nach draußen
bringt jeden zum Lachen
Man kann ohne Hund reisen
aber warum soll man das machen

ALLES, WAS MAN FÜR EINEN GROSSARTIGEN CAMPINGABEND **ohne Begleitung** BRAUCHT

- Ein richtig gutes Buch
- Thermoskanne mit Tee oder heißer Schokolade (Rezept siehe Seite 25)
- Snacks
- Tagebuch & Stift
- Kleine Bluetooth-Box & Lieblingspodcast

Wenn du denkst,
Abenteuer
sind gefährlich,
versuch's mal mit Routine.

Die ist tödlich.

PAULO COELHO

ALLES, WAS MAN FÜR EINEN ROMANTISCHEN CAMPINGABEND **zu zweit** BRAUCHT

- Kuscheldecken
- Eine Flasche Rotwein
- Pasta
- Kerzen (oder eine batteriebetriebene Lichterkette, falls es zu windig ist)
- Kartenspiel
- Gitarre (Voraussetzung: eine:r von beiden kann sie spielen)

Mikroabenteuer:

DER KLEINSTE URLAUB DER WELT

Erlebnisse, für die wir nicht weit reisen müssen, klitzekleine Abenteuer, die uns vor die Haustür und aus unserer Komfortzone locken: Das sind Mikroabenteuer. Geprägt hat den Begriff der Brite Alastair Humphreys, der bereits vier Jahre lang mit dem Rad um die Welt gefahren ist, Indien durchwandert hat und über den atlantischen Ozean gerudert ist. Im Jahr 2014 veröffentlichte er das Buch »Microadventures« für alle, die gerne Abenteuer erleben möchten, aber vielleicht nicht ganz so viel Zeit, Geld und Mut investieren können oder wollen.

Und genau darum geht es bei den Mikroabenteuern: Eine kurze, unkomplizierte Auszeit vom Alltag zu finden, die dich erfüllt und dein Herz höherschlagen lässt.

RAUS AUS DER KOMFORTZONE!

Hier kommen acht Mikroabenteuer – von »super easy« bis »erfordert Mut«. Was probierst du als Erstes aus?

1. Einen Kocher einpacken und draußen Abendessen kochen

2. Mit einer beliebigen S-Bahn bis zur Endstation fahren und von dort zurück nach Hause wandern

3. Ein Lagerfeuer machen

4. Für einen Tag ein Lager aufschlagen – das kann auch eine Hängematte oder eine Picknickdecke sein – und den ganzen Tag dort verbringen. Abends geht's nach Hause zurück.

5. Wecker stellen, tapfer sein, Kaffee in einem Thermosbecher mitnehmen und so früh das Haus verlassen, dass du auf einem Hügel oder einer Wiese den Sonnenaufgang beobachten kannst

6. Warm angezogen und mit einer Taschenlampe ausgerüstet geht's nachts durch den Park oder den Wald – ein bisschen gruselig, aber auch schön abenteuerlich!

7. Draußen schlafen light: im Garten oder auf dem Balkon (wenn du keinen hast, frag Bekannte)

8. Die Königsdisziplin der Mikroabenteuer: In einem Park, am Strand oder in einem Wald übernachten, in einer Hängematte oder mit dem Biwak

MINIMALISMUS UND Luxus

Alles ist nur eine Armlänge entfernt, jedes Ding hat seinen Platz und alles, was keinen Nutzen hat, bleibt zu Hause: Campen ist Minimalismus in Reinform. Der minimalistische Lifestyle, den Interior-Magazine und Mental-Health-Gurus seit Jahren predigen, ist reine Notwendigkeit, wenn man sich auf ein paar Quadratmeter beschränken muss. Auch wenn sich das zunächst vielleicht nach Verzicht anhört: Eigentlich ist es herrlich befreiend. Wenn du keinen unnötigen Ballast mit dir herumschleppst, sind die Chancen, dass das Chaos in deinen vier (Zelt-)Wänden überhandnimmt, äußerst gering.

Zu merken, mit wie wenigen Dingen man unterwegs auskommt (ja, ein einziger Emaillebecher kann gleichzeitig als Weinglas, Kaffeetasse und Suppenschüssel dienen!), überdenkt man auch zu Hause seinen Konsum. Und wenn du nach ein paar Tagen on the road wieder nach Hause kommst, wo dich eine Spülmaschine erwartet, wo du Platz hast, heiß duschen kannst und dann zwischen frisch gewaschene, weiche Laken schlüpfst, dann fühlt sich das wie der größte Luxus überhaupt an, und du bist wunschlos glücklich.

HOBBYS FÜR DRAUSSEN

1. Birdwatching: Die gute, alte Ornithologie ist wieder voll im Trend!

2. Trailrunning: Querfeldein, über Stock und Stein, für ein unfassbar befreiendes Gefühl

3. Wildkräuter sammeln: Eine alte Kunst, die auch heute viel Freude bereitet (siehe Seite 26/27)

4. Stand-Up-Paddling: Über Flüsse, Seen und das offene Meer gleiten – SUP macht süchtig!

5. Insektenhotels basteln: Meditativ und ein Vergnügen für Groß und Klein – außerdem freut sich die Natur.

6. Geocaching: Für die moderne Schnitzeljagd brauchst du nur das GPS deines Smartphones

7. Fotografieren: Schult das Auge und dein Bewusstsein für die Schönheit der Natur

Live in the sunshine,
swim in the sea,
drink the wild air.

RALPH WALDO EMERSON

10 UNVERGLEICHLICH SCHÖNE DRAUSSEN-GERÜCHE

1. Trockene Piniennadeln
2. Regennasser Wald
3. Stockbrot
4. Sonnencreme
5. Salzige Meeresluft
6. Frisch gemähte Wiese
7. Sonnengetrocknete Bettwäsche
8. Sommerregen auf heißem Asphalt
9. Kaffee vom Gaskocher
10. Anti-Moskito-Spray

Abtauchen:

WARUM WIR ÖFTER IN SEEN, FLÜSSE UND INS MEER SPRINGEN SOLLTEN

Warst du als Kind auch so eine richtige Wasserratte, konntest den ganzen Tag im Planschbecken, im Pool, im Meer oder See verbringen, bis deine Eltern dich überzeugen mussten, dass es nun genug sei, und du mit schrumpeligen Fingern und vollkommen erschöpft und glücklich an Land gekommen bist?

Wasser macht, dass wir uns sofort lebendig fühlen, verbunden mit der Natur, hellwach und voller Energie: Beim »Skinny Dipping« – also Nacktbaden – in einer lauen Sommernacht bei Vollmond, beim mutigen Sprung von einer Klippe oder, vielleicht noch mutiger: beim zähneklappernden Abtauchen zwischen kleinen Eisschollen ...

Wer sich ins richtig kalte Nass traut, fördert außerdem die Durchblutung der Haut und tut auch seinem Immunsystem was Gutes. Wenn Eisbaden dich zu viel Überwindung kostet, dann versuch es doch mal mit einer Runde Wassertreten durch ein Kneippbecken. Diese findest du an vielen Orten frei zugänglich und gratis, für gewöhnlich bestehen sie aus einem Becken voll eiskaltem Wasser, welches einen Rundgang bildet und zunehmend tiefer wird – bis etwa Kniehöhe. Hier watest du achtsam und im Storchengang durch das Wasser und bringst so deinen Kreislauf in Schwung. Ein Bergbach erfüllt natürlich den gleichen Zweck – achte hier aber unbedingt darauf, dass die Strömung nicht zu stark ist und du nicht auf glitschigen Steinen ausrutschst.

Sand unter den Füßen,
Wind im Haar und
Salz auf der Haut –

DAS IST
GLÜCKSELIGKEIT.

IDEEN, UM SICH DIE ZEIT AM STRAND ZU VERTREIBEN

1. Muscheln sammeln
2. Sandburg bauen und mit den Muscheln dekorieren
3. Sich ein Sandpeeling gönnen
4. Boccia spielen – geht zur Not auch mit Steinen
5. Steine übers Wasser flitschen lassen
6. Wettrennen

Kleiner Outdoor-Knigge

Auch in der freien Wildbahn gibt es einige Benimmregeln. Wenn du sie beachtest, freuen sich deine Nachbar:innen – und die Natur.

Dos

- Den Stellplatz mindestens so sauber verlassen, wie man ihn vorgefunden hat
- Lagerfeuer nur dort entfachen, wo es erlaubt ist
- Die Nachbar:innen grüßen
- Den Nachbar:innen ein Bier anbieten

Don'ts

- Den Müll über Nacht draußen lassen – lockt Füchse, Ratten & Co. an
- Zu nahe an anderen Camper:innen parken – lieber weiterfahren, wenn der Platz voll ist
- Nach Einbruch der Dunkelheit noch laut sein oder laute Musik hören
- In Naturschutzgebieten campen

Mein liebes Zelt,

was haben wir schon alles gemeinsam erlebt – von Festivals bis Strandurlaub! Ich habe dich schon im Tiefschnee aufgespannt und lag, ein anderes Mal, eine ganze stürmische Nacht in dir wach. Du bist nie zusammengebrochen und hast nie abgehoben. Auch Freunden und Freundinnen hast du schon ein Dach über dem Kopf geboten und doch immer wieder deinen Weg zu mir gefunden.

DANKE, dass du mir überall auf der Welt ein Zuhause bist.

WER CAMPT,
ERLEBT DIE JAHRESZEITEN
besonders intensiv.
UND MIT DER
RICHTIGEN AUSRÜSTUNG
IST 365 TAGE IM JAHR
CAMPINGSAISON.

FRÜHLING

WARUM CAMPING IM FRÜHJAHR DAS SCHÖNSTE IST

Die Tage werden länger, die Sonne wird langsam, aber sicher kräftiger und wärmt schon unsere Nasenspitzen. Obwohl es nachts noch ziemlich frostig ist, können wir es nicht mehr aushalten und ziehen los und schlagen unser Frühlingscamp auf. Bekommen einen Vorgeschmack auf den Sommer, ohne in der Hitze zu schmelzen. Wir packen die Regenjacke ein, dicke Socken, Sonnenbrille und Badeanzug – in dieser Jahreszeit ist alles möglich!

TIPP: In Portugal, Italien, Spanien und Griechenland ist es jetzt schon schön warm, die Touristenmassen lassen aber noch auf sich warten und die Campingplätze sind jetzt günstiger als in der Hauptsaison.

SOMMER

WARUM CAMPING IM SOMMER DAS BESTE IST

Wir fühlen uns genauso leicht wie unser Gepäck: In dieser großartigen Jahreszeit reisen wir völlig unbeschwert. Alles, was wir brauchen, passt in einen Rucksack. Jetzt können wir die ganze Nacht im T-Shirt draußen sitzen, Wein trinken, unter freiem Himmel in der Hängematte zum Konzert der Grillen einschlafen. Wir pflücken Himbeeren und springen in Seen, verbrennen uns die Nase und sind rundum glücklich.

WARUM CAMPING IM HERBST DAS GRÖSSTE IST

Goldene Herbsttage fühlen sich besonders kostbar an, weil wir wissen, dass es bald zu Ende geht mit dem Jahr und den warmen Sonnenstrahlen. Diese sollten wir deshalb noch einmal genießen, sie aufsaugen und ein paar mehr Outdoor-Erinnerungen schaffen. Tagsüber sammeln wir hübsche Blätter und Kastanien, pflücken Äpfel und finden letzte Brombeeren. Am Abend verabschieden wir uns, in dicke Pullis gepackt, mit einem Lagerfeuer und Stockbrot von einem wundervollen Jahr.

WARUM CAMPING IM WINTER DAS TOLLSTE IST

Zugegeben: Es kostet schon einige Überwindung, bei Minusgraden das gemütliche Bett gegen eine Luftmatratze und einen Schlafsack zu tauschen. Doch wer sich traut, wird mit einem einzigartigen Abenteuer belohnt: Wir wachen in einem Zelt auf, das einem Iglu gleicht, zählen Eiskristalle an der Zeltwand und wärmen uns beim anschließenden Spaziergang durchs Winter-Wonderland auf.

TIPP: Richtig gute Ausrüstung ist beim Wintercamping essenziell, Thermokleidung und ein Schlafsack für Temperaturen bis zu -20 °C sind Voraussetzung, eine Thermosflasche mit Tee hilft.

The mountains
are calling
and I must go.

JOHN MUIR

Von **Bergen** und anderen magischen Orten

Es gibt bestimmte Plätze auf der Welt, an denen einem das Herz aufgeht, wo man mit sich im Reinen ist, Klarheit findet und vollkommen zur Ruhe kommt. Für manche ist das der Strand, der Blick aufs Meer und die schnurgerade Linie am Horizont, die das Wasser vom Himmel trennt. Für andere ist es der Gipfel, das erhabene Gefühl, alles im Blick zu haben, die schneebedeckten Bergspitzen um einen herum. Solche Orte geben uns eine neue Perspektive, machen unsere Probleme unbedeutend. Was ist dein magischer Ort? Kennst du ihn schon, oder willst du ihn noch finden?

Besuche einmal
im Jahr einen Ort,
den du noch nicht kennst.

DALAI LAMA

DIE Magie SPONTANER BEGEGNUNGEN

Auf Reisen kommst du, auch wenn du allein unterwegs bist, früher oder später ins Gespräch mit anderen – im Zweifel eher früher. Wenn du dir zum Beispiel einen Hering für dein Zelt ausleihst, jemand dich bittet, ihm beim Wohnmobil-Einparken zu helfen, oder du ganz banal nach dem Weg zum besten Café im Dorf fragen willst. Je nachdem, wie in- oder extrovertiert du bist, kostet dich das zunächst vielleicht Überwindung (vor allem, wenn du dich in einer anderen Sprache verständigen musst). Aber nach und nach begreifst du: Menschen sind liebenswürdig und hilfsbereit.

Je mehr du dich traust, auf andere zuzugehen, desto mehr angenehme Überraschungen erlebst du auch. Eine Einladung zum Grillen, das Angebot, auf der Wiese eines Bauernhofs dein Camp für die Nacht aufzuschlagen, die Erlaubnis, Kirschen in einem Garten zu pflücken ...

Jede Begegnung ist außerdem eine Gelegenheit, Storys zu sammeln. Frag nach, woher die Menschen kommen, was sie umtreibt, was ihre Geschichte ist – die meisten freuen sich, wenn du dich dafür interessierst. Trau dich, denn es gibt kaum etwas, das so inspirierend ist.

Auf der nächsten Seite findest du Inspiration für Gespräche mit neuen Bekannten am Lagerfeuer.

FRAGEN FÜR TIEFSINNIGE LAGERFEUERGESPRÄCHE

1. Worauf bist du in deinem Leben so richtig stolz?

2. Was hast du früher gedacht, wie du einmal leben und arbeiten würdest?

3. Wer hat dein Leben nachhaltig verändert?

4. Worüber denkst du am meisten nach?

5. Welchen Rat würdest du deinem jüngeren Ich geben?

6 Welche schlechte Angewohnheit würdest du gerne ablegen?

7 Jemand schenkt dir 100 000 Euro.
Was machst du damit?

8 Was macht für dich eine gute Partnerschaft aus?

9 Was war der peinlichste Moment in deinem Leben?

10 Welche Superkraft hättest du gerne?

TIPP: **Wenn du allein unterwegs bist, kannst du dir die Fragen auch selbst stellen.**

Feeling grounded:

WARUM WIR UNS ÖFTER ERDEN SOLLTEN

Dass wir ausgeglichener und glücklicher sind, wenn wir eine Zeit in der Natur verbringen, ist uns allen klar, oder? Der direkte Hautkontakt mit der Erde soll das Stresshormon Cortisol reduzieren, für besseren Schlaf sorgen und sogar Entzündungen lindern. Grounding, Earthing oder Erdung nennt man die Methode, die für manche vielleicht etwas esoterisch klingen mag. Sie geht davon aus, dass unser Körper mit all seinen Nervenfasern einem Stromnetz gleicht – und somit ebenfalls eine Erdung benötigt, um durch negative Elektronen aus der Erde neutralisiert zu werden.

Den Kopf in den Wolken, die Füße fest am Boden: Wie du dich im Alltag erden kannst

Öfter mal barfuß gehen und spüren, wie Gras die Zehen kitzelt, wie warmer Asphalt sich anfühlt und wie schön Schlamm kühlen kann

Steine, Kastanien & Co. sammeln und eine Weile als Handschmeichler in der Jackentasche mit sich herumtragen

Auf den Boden setzen, den Rücken an einen starken Baum gelehnt

In eine Wiese legen und sich bewusst machen, dass man gerade auf einer riesigen, wundervollen Kugel liegt, die einen trägt und festhält

Dein
REISETAGEBUCH

Nach ein paar Tagen oder Wochen on the road verschwimmen oft die Orte, die man besucht hat, man vergisst die Namen von Menschen, denen man begegnet ist. Um besonders tolle Stellplätze wiederzufinden und noch Jahre später in Erinnerungen schwelgen zu können, lohnt es sich, ein Reisetagebuch zu führen. Hier kannst du auch Tickets einkleben, Postkarten und Polaroidfotos.

Wenn du nicht weißt, wo du mit dem Schreiben anfangen sollst, kannst du dich an folgenden Punkten entlanghangeln:

Ort ....

Zeit & Datum ....

Wetter ....

Wie sieht deine Umgebung aus? ....

Was sticht hier besonders heraus, was ist ungewöhnlich? ....

Wie war der Weg hierher? ....

Mit wem bist du hier? ....

Was habt ihr heute schon erlebt? ....

Was habt ihr gegessen? ....

Was habt ihr heute noch vor? ....

Worüber hast du dich heute schon gefreut?

Go
WHERE YOU FEEL MOST
ALIVE!

1. Eine Luftmatratze in der Hängematte isoliert und hält dich warm.

2. Moos wächst immer an der Nordseite von Bäumen – das kann dir helfen, dich zu orientieren.

3. Flaschen mit speziellen Filtern verwandeln Regen-, Fluss- und Seewasser in trinkbares.

4. Man sollte immer (!) einen Müsliriegel in der Tasche haben.

5. Wenn du immer an einem Fluss entlanggehst, findest du garantiert den Weg zurück.

Ich gehe jeden Tag
in die Natur, um mich
bei der täglichen Arbeit
inspirieren zu lassen.

FRANK LLOYD WRIGHT

WELCHE FARBE(N) HAT DEIN OUTDOOR-ABENTEUER?

1 Moosgrün

2 Himmelblau

3 Schneeglitzerweiß

4 Ozeantürkis

5 Regengrau

6 Glutorange

7 Sonnenuntergangspink

8 Regenjackenschwarz

IDEE FÜR EIN ECHTES Kunstwerk

Vermutlich hast du irgendwann schon einmal ein Mandala ausgemalt – aber hast du auch schon einmal selber eines gestaltet? Das ist herrlich meditativ und eine prima Beschäftigung für alle Altersgruppen: Einfach Steine, Tannenzapfen, Stöcke und Zweige sammeln und daraus schöne, symmetrische Bilder auf dem Boden legen.

GEHEIMNISVOLLE Steinmännchen

Immer öfter findet man selbst an scheinbar verlassenen Orten kleine Türmchen aus aufeinandergestapelten Steinen. In Skandinavien glaubt man, dass diese Wanderer vor Trollen schützen. In einsamen, wenig erschlossenen Gebieten sollen sie Orientierung bieten, in Tibet vertreibt man damit böse Geister und würdigt die guten. Hast du schon einmal ein Steinmännchen entdeckt – oder selbst eines gestapelt? Wenn nicht, kannst du es einfach bei der nächsten Reise, einer Wanderung oder einem Spaziergang ausprobieren. Gib deinem Steinmännchen die Bedeutung, die du beim Aufeinanderschichten der Steine in dir drin verspürst, oder lasse mit dem kleinen Kunstwerk einen persönlichen Wunsch am Wegesrand zurück.

CAMPINGPLATZ-BINGO

Etwas spießig, manchmal kurios und oft einfach lustig: Campingplätze sind eine Welt für sich. Wetten, du stößt auf folgende Phänomene?

- Gartenzwerg im Vorgarten eines Dauercampers

- Jemand bewegt sich ausschließlich mit E-Scooter über den Platz.

- Die Besitzer eines großen Wohnmobils, die gerade angekommen sind, richten als erste Amtshandlung die Satellitenschüssel aus.

Kleiner Hund, der immer kläfft, wenn jemand an seiner Parzelle vorbeigeht

Jemand hat einen Becher, einen Schwamm oder Spüli am Spülbecken vergessen.

»Witziger« Spruch auf einem Wohnmobil à la »Lieber lachend im Camper als weinend im Palast«

Fahrradfahrerinnen spannen eine Leine auf, um ihre Funktionskleidung zu trocknen.

Jemand weist darauf hin, dass du Brötchen am Vorabend vorbestellen kannst.

LIEBE LESERIN,
LIEBER LESER,

wir sind am Ende unserer kleinen **gemeinsamen Reise** angelangt – und ich hoffe, dass sie erst der Anfang war.

Ich freue mich, wenn deine Abenteuerlust nun geweckt ist, du Lust auf frische Luft, Bergpanoramen und Waldspaziergänge bekommen hast. Schnapp dir deinen besten Freund, deine Partnerin, deinen Hund, zieh Wanderschuhe und Rucksack an, pack Zelt und Gaskocher ein und geh einfach vor die Tür: Es gibt noch so viel zu entdecken!

Ich wünsche dir viel Freude dabei.

ANNA

Anna Tiefenbacher wurde in Heidenheim an der Brenz (Baden-Württemberg) geboren. Ihr Volontariat machte sie bei der Ökotrophologin und Bestsellerautorin Marion Grillparzer. Heute verdient sie ihren Lebensunterhalt als freie Autorin und Redakteurin, lebt in Hamburg auf St. Pauli und hat einen selbst ausgebauten Van, mit dem sie gerne verreist. Sie hat eine Schwäche für gutes Essen und guten Wein, liebt Hörbücher und Hot Yoga.

Die in diesem Buch gewählten geschlechtlichen Formen beziehen sich immer zugleich auf weibliche, männliche und diverse Personen, denn natürlich sollen unsere Bücher allen Menschen Freude bringen. Wir haben bewusst zwischen der weiblichen, männlichen und einer offenen Schreibweise abgewechselt, um diese Herzensangelegenheit zu unterstreichen.

Illustrationen Cover & Innenteil: Bea Muller
Text: Anna Tiefenbacher
Gestaltung Cover: Grafisches Atelier, arsEdition GmbH
Gestaltung Innenteil: Nina Giglberger

ISBN 978-3-8458-5311-6
www.arsedition.de

MIX
Papier | Fördert gute Waldnutzung
FSC® C018236